POUR LA CRÉATION

DE

L'INSTITUT DES MAITRES APOSTOLIQUES

de St Grégoire l'Illuminateur

Humble Appel

AUX

HOMMES DE BONNE VOLONTÉ

PAR

Le P. de DAMAS

de la Compagnie de Jésus

1893

—

IMPRIMERIE MOULLOT FILS AINÉ

Rue Sainte, 28-30

MARSEILLE

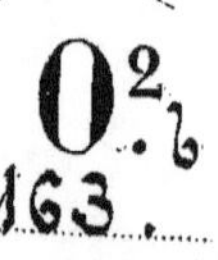

Envoyé par le Souverain Pontife en Arménie, pour y fonder une mission, vers les commencements de 1881, j'ose, après bientôt douze ans d'exercice, tendre la main aux hommes de bonne volonté.

Notre ambition serait de travailler à l'extinction du schisme en Arménie et dans une partie notable de l'Orient, par la création d'un Institut de maîtres apostoliques, sous le vocable de saint Grégoire l'illuminateur, apôtre illustre des Arméniens.

Et, pour cela, il faudrait réunir un modeste capital, dont les revenus serviraient à entretenir les candidats et à fournir une pension aux maîtres préposés à la direction d'écoles gratuites.

Serait-il indiscret d'espérer que, malgré tant de charges écrasantes, les catholiques de l'Europe voudront bien venir au secours des chrétiens d'Arménie ?

Je ne me le dissimule pas ; l'œuvre, au premier abord, apparaîtra peu sympathique.

L'Arménie est loin, on en parle peu, et, d'ailleurs, quel intérêt peut-il y avoir à lui former des instituteurs ?

Mais la réponse est facile.

L'Arménie est loin ; c'est vrai ; on en parle peu ; cela est vrai encore.

Mais avons-nous le droit de traiter l'Arménie comme le premier pays venu ? N'est-elle pas la terre biblique au centre de laquelle s'élève le mont Ararat ? N'est-ce pas sur le sommet neigeux de cette montagne que l'arche attérit, après le déluge ? N'est-ce pas sur le sol de l'Arménie que Noë éleva un autel et offrit un sacrifice au Seigneur ? Le roi d'Arménie ne fut-il pas le premier à entrer en communication avec Notre-Seigneur Jésus-Christ, par ses ambassadeurs ; ne fut-il pas le premier roi chrétien ?

La terre d'Arménie est donc, si je puis m'exprimer ainsi, notre second berceau de famille. Le premier avait été tressé par Eve, avec l'osier flexible qu'elle arracha parmi les ronces et les épines. Noé abrita le second à l'ombre du puissant Ararat.

Que si on demande, maintenant, l'intérêt qu'il peut y avoir à former un institut de maîtres apostoliques, pour la conversion de ce pays, la voix du Souverain Pontife et celle de l'expérience donneront pleine satisfaction.

Après quelques mois passés en Arménie, nous exposions nos projets au pape Léon XIII, et nous lui disions :

« Nous nous proposons d'ouvrir le plus tôt possible, une double école normale, une pour les jeunes gens, et une seconde pour les jeunes filles.

« A mesure que se formeraient des instituteurs et des institutrices, nous les disséminerions dans les villes et les villages, où ils enseigneraient, avec les connaissances humaines, la doctrine chrétienne.

« Ainsi, nous suppléerions au petit nombre des missionnaires européens. Par ces jeunes auxiliaires, nous rayonnerions sur le pays entier ; ce serait comme un réseau jeté sur la petite Arménie.

« L'école formerait un centre catholique, parmi les populations schismatiques. Les missionnaires circuleraient de village en village et distribueraient l'enseignement religieux aux grands et aux petits. »

Le Saint Père, en lisant cette partie de notre mémoire, se

leva et daigna aller chercher lui-même la première aumône destinée à cette fondation.

Ce témoignage vaut tous les autres. Lorsqu'il est question des moyens à employer pour convertir les nations, à qui se fier si ce n'est au successeur du chef des apôtres ?

Nous ne nous bornerons cependant pas à cet argument tiré de l'autorité.

On aime à connaître la raison des choses. On s'est fait certaines idées sur l'apostolat ; on n'a pas envisagé ce point de vue, et on s'étonne de la proposition de travailler à la propagation de la foi par les enfants indigènes.

Si on veut bien nous prêter un moment d'attention, nous montrerons, par l'exposé des faits, que telle fut dans les temps anciens, et que telle est encore la pratique de nos plus célèbres missionnaires. Cela fait, on ne doutera plus, j'ose le croire, de l'opportunité de l'œuvre des maîtres apostoliques de saint Grégoire l'illuminateur à fonder en Arménie.

Saint François-Xavier, le modèle et le patron de tous les missionnaires, nous apprit l'usage qu'on peut et qu'on doit faire des enfants dans les missions. Une clochette à la main, il marchait, à la tête de ces petits et de ces humbles, pour entraîner le peuple au catéchisme. Au besoin, il s'en servait pour opérer des miracles. Appelé, durant un catéchisme, auprès d'un moribond, il donna son bâton à un enfant, avec ordre de le placer sur le malade et de guérir celui qu'il n'avait pas le temps d'aider à bien mourir.

Notre mission de la Guyane française dut son développement à la coopération des enfants.

Les Pères Lombard et Ramette s'étaient vus charger de la fonder. Deux années durant, ils coururent après les diverses nations sauvages éparses sur un immense territoire. Ignorant la multitude de leurs dialectes particuliers, ils cherchèrent à les apprivoiser en leur rendant les services les plus humiliants. Ils prirent soin de leurs enfants, pansèrent leurs malades, partagèrent leurs travaux, prévinrent leurs moindres désirs, leurs distribuèrent des miroirs, des couteaux, des hameçons, des grains de verre coloré, en même temps qu'ils apprenaient leurs idiômes.

Rien n'y fit. Au bout de deux ans, la situation devint de plus en plus triste, le P. Ramette succomba.

Malgré tout, le P. Lombard ne perdit pas courage. Il restait seul. Il résolut d'appeler à lui l'enfance, mais les ressources lui manquaient pour grouper des pensionnaires autour de lui ; il les créa. Il choisit un vaste terrain central, et, à l'aide de deux nègres et de deux sauvages de bonne volonté, il défricha le terrain, y planta du manioc, du blé d'Inde, du maïs, d'autres racines encore, et se fit un petit revenu. Ensuite, il abattit du bois, construisit une humble chapelle et une maison capable de contenir vingt personnes.

Alors il engagea les sauvages des diverses tribus à lui confier quelques enfants, se fit maître d'école, et enseigna la doctrine chrétienne avec un soin jaloux. De ces enfants, il fit des apôtres. A mesure qu'ils atteignaient l'âge de dix-sept ans, ils les remplaçait par d'autres, et recommandait aux partants d'enseigner à leurs tribus ce qu'ils avaient appris de lui. Ces catéchistes prêchaient et rendaient compte de leurs travaux, mois par mois. A mesure qu'ils opéraient des conversions, ils avertissaient le Père, qui allait baptiser, confirmer et communier les néophytes.

Quinze ans se passèrent ainsi.

Rudes années que celles-là ! « Combien de fois, écrivait plus tard le missionnaire, l'inconstance naturelle des sauvages et la difficulté de les fixer dans le bien ne me rebutèrent-elles pas ?... Je craignais de m'être laissé tromper par l'apparence et d'avoir conféré le baptême à des indignes. Une sorte de dépit, qui me semblait raisonnable, me fit presque succomber à la tentation de les abandonner ; mais le Seigneur me fortifia contre ces défiances et ces dégouts ; il me donna le courage de persévérer, et je l'en bénis aujourd'hui. »

Certes, il y avait de quoi bénir Dieu.

Un jour vint où la récolte des jeunes missionnaires fut si abondante que le Père n'avait plus ni le temps ni la force de se porter dans les tous villages où on l'appelait. Il dut engager les familles chrétiennes qui réclamaient son secours, à se grouper autour de sa maison. Il l'obtint d'elles, et se trouva à la tête d'une forte paroisse.

Mais, à cette paroisse, il fallait une église ; et les ressources manquaient. Un architecte de Cayenne offrait de bâtir les quatre murs pour quinze cents francs. Où prendre cette somme ? L'industrie du Père et la générosité des nouveaux chrétiens levèrent la difficulté. Une pirogue se vendait deux cents francs à Cayenne ; les hommes en construisirent cinq. C'étaient mille francs. Un hamac se vendait cinquante francs ; les femmes filèrent de quoi en tisser dix ; et les murs s'élevèrent.

Restait le toit. Il y avait à Cayenne deux esclaves, habiles charpentiers. Vingt sauvages allèrent proposer à leur maître de céder momentanément ces deux ouvriers à leur colonie, s'engageant, par compensation, à rester en esclavage à son service, aussi longtemps qu'il le faudrait pour l'achèvement du toit.

Quand l'église fut bâtie, des multitudes de néophytes affluèrent. Le Père dut fonder de nouvelles colonies chrétiennes et appeler des auxiliaires d'Europe pour les gouverner.

Ainsi, grâce à la participation des enfants, d'apôtre isolé, le missionnaire devint le père d'un grand peuple ; il mourut supérieur général d'une mission florissante.

Un de nos anciens missionnaires de Syrie raconte comment il dut à un enfant le succès d'une mission.

Il écrit : « Nous avions reçu l'ordre d'évangéliser un village de la Mésopotamie.

« Nous y arrivâmes après bien des fatigues occasionnées par la longueur du chemin et l'extrême chaleur.

« Plusieurs villages se présentèrent à nous, situés au pied d'une haute montagne que les Arabes appellent Djebel-Cheik, c'est-à-dire la montagne du vieillard, parce que son sommet, couvert d'une neige éternelle, rappelle la couronne de cheveux blancs des vieillards. Nous frappâmes à la porte d'un chrétien. Après les premières civilités, on nous conduisit dans un grand appartement où se trouvaient réunies plusieurs personnes. Chacun s'empressa de venir nous baiser la main, selon la coutume.

« Dans l'assemblée, se tenait un jeune enfant de cinq ans. Il s'approcha, se mit à genou, et nous pria de le bénir. Nous fûmes surpris de l'air de candeur, de la modestie et de la maturité de cet enfant. Il avait été nommé Jean au baptême. Richesse de Dieu était son surnom.

« Chez les Arabes, aucun enfant ne porte le nom de son père. Le chef de la famille en impose un autre que le sien à l'enfant nouvellement né. A dater de ce moment, lui-même cesse de porter son nom de jeunesse ; on ne l'appelle plus que le père de tel enfant ; par exemple, père de Richesse de Dieu.

« Richesse de Dieu était un de ces beaux caractères que la nature et la grâce semblent avoir formé de concert pour le bonheur et la consolation d'une famille chrétienne. A une heureuse physionomie, à une ingéniosité charmante, il joignait un naturel doux et un grand désir d'apprendre. Il nous fit sur la foi, plusieurs questions que nous eussions admirées dans un âge plus avancé. Il nous conjura de l'instruire ; il y mit une persistance qui allait à une sorte d'importunité.

« Or, il s'agissait beaucoup plus dans cette mission, de faire le catéchisme que de prêcher. Je résolus de faire appel à Richesse de Dieu pour m'aider dans mes fonctions.

« Bien m'en prit, et le Seigneur me montra combien le zèle d'un enfant peut être utile à sa gloire.

« Chaque jour, après le dîner, tandis que mon compagnon allait visiter les malades et consoler les affligés, j'assemblais mes chers enfants et je commençais le catéchisme.

« Richesse de Dieu, à qui j'avais donné des leçons particulières, faisait le petit apôtre. Il se transportait dans tous les lieux où on avait coutume de jouer, il haranguait ses petits camarades : le jeu, leur disait-il, est défendu à l'heure des exercices de la mission; c'est offenser Dieu que de s'amuser quand il nous envoie un apôtre pour nous faire le catéchisme. — Dieu donnait de la force aux paroles de l'enfant missionnaire. Ses compagnons le suivaient. A leur tête, il entrait dans la chapelle, les yeux baissés, les mains jointes. « Père, me disait-il, apprends-nous à connaître, à aimer, à servir le grand Dieu que tu nous prêches. — Son exemple inspirait à ses compagnons la modestie, l'attention, la docilité. En ce moment, je n'étais plus au milieu d'une troupe d'enfants légers; je m'imaginais converser avec les anges. Avec quelle ardeur, quelle affection, quel zèle je me livrais à mes fonctions.

« Aussi la mission produisit-elle des fruits merveilleux.

« Le zèle de Richesse de Dieu passa dans le cœur des autres enfants. Ces petites créatures devinrent autant d'apôtres dans leurs propres familles. »

Ailleurs, de semblables merveilles s'opérèrent sous d'autres formes, mais toujours par l'entremise de l'enfance ou de la jeunesse.

De l'île de Santorin, par exemple, les anciens Jésuites demandèrent, en Europe, une aumône assez large pour fonder une école normale, semblable à celle que nous tentons de développer en Arménie. La présidente de Nesmond voulut bien la fournir.

« Cette école fait un bien immense, écrivait un des mis-
« sionnaires. Non seulement nos jeunes gens apprennent
« les belles lettres et les principes de la vie chrétienne, mais
« ils se forment à l'apostolat. Ils s'exercent à disputer entre
« eux sur les vérités de la religion. Ils se font mutuellement
« des objections et des réponses, devant de nombreux audi-
« toires. Ils débitent de petits sermons de morale, mêlés
« d'histoires de l'ancien et du nouveau Testament, très
« agréables aux Orientaux. Les paroles saintes, dans leur
« bouche, font plus d'effet que dans les nôtres. Ils s'acquit-
« tent si bien de ces exercices qu'on vient en foule les
« entendre. »

Le célèbre P. de Rhodes explique fort bien comment le missionnaire décuple ses forces en appelant à lui des indi-gènes, pour s'en faire des auxiliaires.

« Nous n'étions que deux, écrit-il, pour évangéliser les dix provinces d'un grand royaume. Force était de nous séparer. Le P. Benoît de Mattos prit cinq provinces et me confia le soin des cinq autres. Or, que faire, à moi seul, au milieu de tant d'idolâtres ? Je demandai secours à un chré-tien vertueux, nommé Jérôme, et je le priai de m'aider dans toutes les fonctions où le caractère sacerdotal n'était point nécessaire à son action. Il y consentit et fit si bien qu'en l'espace de six mois, il me présenta treize cent-cinq païens à baptiser. Ce début m'encouragea, et, dès lors, je compris comment un seul prêtre pouvait multiplier presque à l'infini les fruits de son apostolat. »

Ainsi, dans un bourg appelé Chaïmi, le Père avait préposé à la garde des brebis d'Israël un vieillard, nommé Paul, qui vivait, avec sa femme Monique, dans la pratique de toutes les vertus chrétiennes. Aveugle comme Tobie, il n'en exerçait pas moins une influence considérable. Il assemblait les

chrétiens dans une chapelle construite à ses frais; il les instruisait et ne négligeait rien pour les maintenir fermes dans
la foi. Il étendait son zèle sur les païens eux-mêmes, et fut
assez heureux pour en disposer plusieurs au baptême. Le
bon Dieu lui avait donné un empire merveilleux sur les
démons. Un jour, il amena aux pieds du Père une malheu-
reuse possédée qui, depuis longtemps, vivait dans les forêts
et effrayait tout le monde par des extravagances dange-
reuses. Paul l'avait maîtrisée à ce point qu'elle consentit au
baptême, se tint calme pendant la cérémonie, et ne fut plus
sujette à aucun accident.

Mathieu, catéchiste simple et pauvre, fit des prodiges
plus admirables encore. Des païens de la ville de Baubam,
voyant leur fils unique à toute extrémité, et la science des
médecins et les superstitions des sorciers impuissantes à la
guérir, eurent la pensée de recourir à lui. Sans hésiter, le
catéchiste se rend près d'eux avec ses remèdes ordinaires,
c'est-à-dire de l'eau bénite et un *Agnus Dei;* il trouve le
malade aux portes de la mort, s'agenouille près de lui,
conjure le Seigneur de sauver d'abord son âme et aussi de
lui rendre la vie du corps, parce que sa science et sa répu-
tation pouvaient en faire un auxiliaire utile à la bonne cause.
Ensuite il le baptise, et le moribond se lève plein de vie et
de santé.

Une petite fille était morte sans baptême; malgré toute sa
diligence, Mathieu n'avait pu arriver à temps pour le lui
administrer. Dans sa douleur, ce pieux catéchiste se pros-
terne et demande au ciel le temps de remédier à un malheur,
en apparence irréparable. Alors, en présence de tous les
païens accourus pour consoler la famille, la petite morte,
déjà froide et sans mouvement depuis douze heures, ouvre
les yeux et regarde Mathieu, comme pour lui demander
quelque chose. Transporté de joie, le serviteur de Dieu lui
confère le sacrement des élus, et la petite fille se rendort

pour toujours. Ce miracle, on le comprend, amena de nombreuses conversions.

Et comme le bon Dieu semble encourager les missionnaires à recourir à l'assistance des jeunes indigènes ! Un jour que le P. de Rhodes se disposait à un grand voyage, son catéchiste Jérôme vint tout-à-coup lui signifier qu'il l'abandonnerait seul aux fatigues de la route et retournerait dans son pays. Résigné à la volonté de Dieu, le Père lui accorda son congé avec un extrême regret; mais voilà que, cette nuit même, Jérôme s'étant embarqué par un vent favorable, entendit, au sein des ténèbres, une voix terrible qui sortait de la mer et le menaçait d'une perte infaillible s'il persistait dans sa lâcheté. Aussitôt il vira de bord, regagna le rivage, courut se jeter aux pieds du Père, demanda pardon de son inconstance, et promit de travailler dorénavant avec d'autant plus d'ardeur à la gloire de Dieu, que le démon semblait en être plus irrité.

Une autre fois, un médecin distingué, nommé Emmanuel, qui se dévouait au service des corps pour arriver plus sûrement au salut des âmes, se vit saisi d'un mal mortel. Or, comme les chrétiens réunis autour de son lit, conjuraient le Seigneur de ne point enlever ce flambeau d'au milieu d'eux, il fut ravi en extase, et Dieu lui montra dans la gloire la place réservée aux catéchistes fidèles. Revenu à lui, il se leva, parla du ciel avec l'ardeur d'un séraphin, reprit avec plus d'entrain que jamais ses occupations saintes, et mourut, plus tard, en prédestiné.

Chose remarquable ! Dans les temps difficiles, le zèle des catéchistes peut suppléer à la présence du prêtre pour le maintien et l'accroissement de la foi dans un grand pays. Depuis un an, en Cochinchine, le Père de Rhodes se voyait réduit à se cacher durant le jour, ne sortant que la nuit. Tous les chrétiens étaient d'avis qu'il devait céder à l'orage et s'absenter pour quelques mois. Il se résigna; mais, avant d'abandonner cette chrétienté, il réunit dix catéchistes fervents, et, le jour de la fête de St Ignace de Loyola, en présence de la multitude des fidèles, il les conduisit à l'autel, un flambeau à la main, et puis, leur ordonnant de se prosterner le front dans la poussière, il leur fit jurer de servir toute leur vie l'Eglise de Dieu, sans se marier jamais, et d'obéir jusqu'à la mort aux Pères de la Compagnie de Jésus qui viendraient prêcher en leur pays, ou à ceux qu'ils députeraient en leur place. Il désigna l'un d'eux, nommé Ignace, pour être leur supérieur ; les divisa en deux bandes, dont l'une était chargée des provinces septentrionales jusqu'au Tonkin, l'autre de celles du midi jusqu'aux frontières de Campas ; il leur donna ses derniers avis et s'arracha aux embrassements d'une immense population éplorée. Or, grande fut la bénédiction de Dieu sur les travaux des dix élus. En trois mois, les cinq apôtres du midi avaient baptisé deux cent quatre-vingt-treize païens, et préparé une si grande quantité d'autres idolâtres à recevoir le sacrement de la régénération, que le gouverneur de la province de Ramzan, furieux de leur succès, les faisait chercher et traquer à la façon des bêtes féroces. Pendant ce temps-là, Ignace et ses compagnons ne réussissaient pas moins du côté du nord ; et, certes, les conversions étaient sincères. L'épreuve ne se fit pas attendre. Elle servit à manifester la profonde conviction des néophytes. L'un d'eux, garotté par les païens, fût exposé, durant un jour entier, sur la place publique aux ardeurs d'un soleil tropical, et menacé de tourments plus cruels encore, sans que rien put lasser sa constance. A leur tour, nos serviteurs de Dieu sentirent le besoin d'auxiliaires, et Dieu leur suscita des compagnons puissants en œuvres. Pour en citer un exemple, je nommerai Paul, et son fils, nommé Philippe. Tous les deux, riches et savants, ils allèrent, sous un déguisement, évangéliser la ville royale. Ils y faisaient des fruits merveilleux dans les âmes, lorsqu'un jour, passant dans les rues, le roi reconnut Paul qu'il aimait et estimait fort, l'appela, le combla de caresses, et lui conféra sur le champ, une des plus hautes dignités de l'Etat. Paul profita de cette augmentation d'influence pour travailler plus efficacement à la gloire de Dieu; et, lorsque Ignace vint, à son tour, dans la ville royale, il y trouva une moisson admirablement préparée par ce nouvel apôtre des gentils.

Au mois de juillet 1867, le pape Pie IX a donné un encouragement solennel à l'œuvre des catéchistes, lorsqu'au milieu de cinq cents évêques, il a déclaré bienheureux et digne des hommages du monde entier un nombre assez notable de jeunes collaborateurs de nos Pères du Japon. Parmi les noms de ces pieux enfants, je trouve celui de Caïe. Son élection à la vie apostolique est vraiment trop merveilleuse pour que je n'en dise pas une parole. Encore dans les ténèbres du paganisme, il se sentait poursuivi d'un désir incroyable d'assurer son salut éternel. Il avait fui son pays, et, cherchant un asile au fond d'un bois épais, il était entré dans une caverne où demeurait un tigre, s'était assis à côté de l'animal féroce, et l'avait, en quelque sorte, défié. Le tigre s'était retiré, lui avait cédé la place sans lui faire aucun mal, et Caïe avait pu se livrer aux exercices de la vie pénitente, vivant de racines d'arbre et de feuilles de pin. Une nuit, pendant son sommeil, un homme vénérable lui apparut, le consola, le fortifia, et lui promit que, l'année suivante, il passerait la mer, et, après beaucoup de travaux, arriverait au comble de ses désirs. Or, la mer était fort éloigné, et la prédiction paraissait invraisemblable; aussi le solitaire *n'en fit-il aucun état.* Et, toutefois, l'année suivante, les Japonais ayant conquis l'île de Corée, le prirent, le firent esclave, et le conduisirent au Japon. Parvenu, je ne sais comment, à la liberté, il entra dans un monastère de bonzes pour y travailler à la grande affaire de son salut. Mais son

âme n'y trouvant pas le repos, il en tomba malade de cha-
grin. Dans une seconde vision, il lui sembla voir le monastère envahi par les flammes de l'enfer, et, presque aussitôt,
un enfant d'une beauté ravissante lui promit qu'il touchait
à l'accomplissement de ses dessins. Sans croire précisément
à la vision, il quitta le monastère, où il n'avait pas trouvé ce
après quoi il soupirait. Et voilà qu'à peine sorti, il rencontra
un chrétien auquel il se sentit pressé de raconter sa douleur.
Le chrétien lui découvrit les mystères de notre foi, et le
conduisit à la maison des Pères de la Compagnie de Jésus,
où quelqu'un lui ayant montré l'image de Notre-Seigneur :
O mon Père, s'écria-t-il, voilà l'homme qui s'est montré à
moi dans la caverne. — Et il raconta sa vie. Il reçut le
baptême, et se consacra pour toujours au service des missionnaires. Banni du Japon avec ces Religieux, il alla
d'abord aux îles Philippines, et trouva ensuite le moyen de
revenir à Nangasaki. Il y vécut dans une admirable sainteté,
jeûnant tous les vendredis et samedis, affligeant son corps
par de continuelles disciplines, soignant les pauvres et
surtout les lépreux, instruisant les chrétiens, ne manquant
jamais, au milieu de tant d'occupations, de faire une première méditation le matin, et une seconde le soir. Tant de
bonnes œuvres devaient lui procurer ce salut éternel après
lequel il avait tant soupiré : et Dieu ne le lui fit pas attendre.
Apprenant que le P. Vasquez était en prison, sans communication avec le dehors, il résolut de l'assister au péril de
ses jours, courut à la prison, essaya trois fois de la forcer
malgré les gardes, et, trois fois repoussé, finit par être mis
aux fers. Conduit devant le lieutenant du gouverneur, il
confessa la foi chrétienne, et reprocha en face à son juge de
l'avoir abandonnée par une honteuse apostasie. Maltraité au
point d'en avoir le visage tout meurtri, il leva les yeux sur
le lieutenant, et lui dit avec douceur : est-ce ainsi que vous
mettez en pratique les belles instructions que les Pères vous

firent aussi bien qu'à moi ? — Emu par ce souvenir, le lieutenant lui offrit la liberté s'il voulait renoncer à son emploi de catéchiste. Je ne le puis, répondit-il, et je me dois d'autant plus à la prédication de l'évangile, que vous chassez les Pères et rendez nos soins plus nécessaires aux fidèles. — Remis en liberté, malgré cette protestation ; — c'est bien, dit-il, vous me renvoyez ; mais je rentrerai malgré vous en prison pour y servir les Pères. — Le lieutenant le fit remettre aux fers, et l'envoya dans une ville voisine, pour l'isoler du P. Vasquez. Nouveaux efforts de la part des geoliers pour le faire renoncer à son emploi de catéchiste ; nouvelles résistances. Prévoyant l'issue bienheureuse de son combat, il se prépara à la mort par des jeûnes, des disciplines sanglantes et de longues oraisons. Le grand jour venu, il marcha au supplice en chantant les litanies des saints, et, du plus loin qu'il aperçut le poteau fatal, s'échappant des mains de ses gardes, il courut l'embrasser avec une joie qui étonna les païens. On l'attacha faiblement par la main gauche, afin de lui donner le moyen de se sauver, si l'intensité des tourments le réduisait à l'apostasie ; et puis on alluma le feu à une assez grande distance, pour ajouter par la lenteur à l'horreur de son supplice. Ferme et calme, il attendit la mort sans frémir, et, lorsque les flammes l'eurent environné, on le vit se mettre à genoux et rendre son âme à Dieu aussi tranquillement que s'il se fut endormi.

Le catéchiste André n'est pas moins digne d'être présenté pour modèle à tous ceux qui veulent bien s'intéresser au développement de l'apostolat laïque dans les contrées lointaines. Né en Cochinchine, sur les confins du royaume de Ciampa, il perdit son père de bonne heure, et sa vertueuse mère lui fit apprendre avec soin les sciences humaines. Baptisé à l'âge de quinze ans, il ne se contenta pas d'une vertu ordinaire, et ne se donna point de repos qu'il n'eut obtenu du P. de Rhodes son admission parmi les catéchistes. D'une constitution délicate, il n'épargnait pas pour cela son corps, il se chargeait même des travaux les plus pénibles de la maison, au point qu'il en fit une grave maladie. Vif, subtil et pénétrant, il avançait rapidement dans les sciences et réussissait d'une façon remarquable à instruire les ignorants. Nous le trouvons, le 31 juillet 1643, parmi les dix jeunes gens auxquels le P. de Rhodes fit faire un vœu solennel au pied de l'autel de saint Ignace ; et, deux ans après, nous le voyons cueillir la première palme du martyre épanouie en Cochinchine.

Rien n'est merveilleux comme la manière dont Dieu ménagea toutes choses pour procurer à ce jeune homme une faveur dont tant d'autres eussent voulu devenir l'objet.

Le gouverneur de la province de Cassian étant revenu de la cour, le P. de Rhodes s'empressa de monter dans sa barque, avec dix catéchistes, pour aller lui rendre ses devoirs. Au moment du départ, André avait demandé la permission de rester à la maison pour soigner quatre de ses compagnons malades, et le Père était parti avec les autres en toute sécurité. Or, tandis que la petite barque glissait le long du fleuve, une scène imprévue se passait dans la maison : des satellites y faisaient invasion et demandaient le catéchiste Ignace pour le traîner en prison. — Ignace n'est pas là, répondait le jeune homme ; mais, si vous tenez à exercer votre rage contre un chrétien, et surtout un catéchiste, prenez-moi ; je suis l'un et l'autre. Et les soldats étonnés lui mettaient les fers aux pieds et aux mains.

Pendant ce temps là, le P. de Rhodes arrivait en face du palais et rencontrait heureusement un seigneur de ses amis qui l'instruisait des dispositions nouvelles du gouverneur et de la perquisition opérée dans la maison des catéchistes. La visite projetée n'étant plus possible dans les mêmes conditions, le Père ordonna à ses compagnons de se tenir cachés dans la barque, et seul il affronta la colère du tyran. L'en-

trevue fut telle qu'on peut la deviner. Surpris de la hardiesse du missionnaire, le gouverneur lui déclara qu'il ne souffrirait plus la prédication de l'évangile dans sa province, qu'il ne le maltraiterait pas personnellement, à cause de sa qualité d'étranger, mais qu'il lui ordonnait de quitter les terres du roi, de congédier ses catéchistes, et surtout Ignace leur chef, auquel il voulait faire payer l'insolence avec laquelle il prêchait une religion nouvelle. Le Père retourna dans sa barque, pria longtemps avec ses compagnons, et délibéra avec eux sur les moyens de tenir tête à l'orage.

Les confesseurs de la foi ignoraient encore l'issue des perquisitions faites dans leur maison, lorsqu'une troupe de satellites s'approcha de leur barque, conduisant André garotté, et leur demanda, sans les connaître, s'ils avaient vu Ignace. — Ignace ! répondirent-ils avec un grand sang-froid, mais il est tout près d'ici ; hâtez-vous de le chercher, et vous le trouverez infailliblement. — André eut assez de présence d'esprit pour maîtriser son émotion. Ses compagnons firent également bonne contenance et feignirent de ne le point connaître, si bien que les soldats se hâtèrent de continuer leurs poursuites. Aussitôt, le Père de se mettre en devoir de sauver la victime. Il courut au vaisseau des Portugais ; obtint que les principaux négociants et les commandants de navire l'accompagnassent dans une solennelle ambassade, et se mit en route. Mais Dieu voulait couronner André. Le vent contraire arrêta la barque des Portugais, et ce retard permit au gouverneur de perpétrer son crime, avec une apparence de justice.

Tout était consommé lorsque arriva l'ambassade portugaise. On n'en chercha pas moins à fléchir le tyran. Le Père affirma que, si quelqu'un méritait la mort, c'était lui, et non ceux qui avaient cru à sa parole. En vain les Portugais s'adressèrent-ils à l'ancien gouverneur, il répondit, en pleurant, que, non seulement son influence était méconnue, mais qu'on lui avait fait dire secrètement de se tenir sur ses gardes, parce que, sa femme et plusieurs de ses domestiques étant chrétiens, il pourrait bien lui arriver malheur. Alors tous ces généreux défenseurs de l'innocence allèrent à la prison. Ils trouvèrent André joyeux et plein de reconnaissance de ce que Dieu continuait à lui réserver la palme du martyre. Le pauvre enfant était couvert de honte, en voyant les Portugais se jeter à ses pieds pour les baiser. — Demandez plutôt à Dieu ma persévérance, leur disait-il ; je n'ai point mérité le bonheur que Jésus-Christ me prépare ; je ne suis pas digne de respect ; j'ai besoin, au contraire, qu'on prie pour moi, par pitié. Une multitude de chrétiens arrivèrent à leur tour, chacun d'eux offrait ses services au martyr, mais, lui, déclarait n'avoir besoin de rien, parlait à tous du bonheur de l'éternité, et, s'il laissait échapper l'expression d'un regret, c'était pour se plaindre de ce que les exécuteurs ne se hâtaient point assez de lui arracher sa jeune vie. Un moment, le P. de Rhodes fit éloigner tout le monde, pour lui donner la facilité de faire une dernière confession ; ensuite il lui conseilla de prendre quelque nourriture. André mangea un peu de pain par obéissance, but un verre d'eau, et dit que c'était bien assez pour le soutenir jusqu'au moment de monter au ciel. Sa joie fut extrême lorsqu'il vit entrer l'escorte destinée à le conduire au lieu de l'exécution. Il prit congé de tout le monde en souriant, et marcha aussi lestement que s'il n'eut point eu le cou engagé dans une affreuse cangue. Il allait si vite que le P. de Rhodes avait peine à le suivre. Une multitude de chrétiens lui faisaient cortège ; et, tandis que son éloge était dans toutes les bouches, il restait modeste, fermant l'oreille à tous les bruits de la terre, pour s'occuper uniquement du ciel. Après avoir parcouru les différentes rues de la ville, on arriva sur une place où les soldats formèrent un cercle dans lequel ils enfermèrent André, comme une brebis au milieu des loups.

Désolé d'être séparé de lui, le P. de Rhodes fit tant, qu'il obtint son admission dans le cercle fatal. Après avoir embrassé son fils spirituel, il se mit en devoir d'étendre par terre plusieurs nattes bien travaillées, et commanda au jeune catéchiste de s'agenouiller dessus ; mais André, comprenant sa pensée, lui dit qu'il n'était pas digne qu'on recueillit son sang comme une chose précieuse, que celui de Notre-Seigneur avait coulé à terre, et que le serviteur ne devait pas être mieux traité que son maître. Le Père fut si touché de son objection, qu'il n'insista pas davantage, et le jeune homme, s'agenouillant aussitôt sur la terre nue, attendit, le visage serein, les yeux levés au ciel, les mains jointes, le moment tant désiré. Un soldat vint alors lui enlever l'échelle qui chargeait ses épaules, et lui lia fortement le bras ; et, comme les chrétiens criaient : André, priez pour nous ! Il jeta sur eux un regard attendri, et leur dit : Soyons fidèles à Dieu jusqu'à la mort, jusqu'à la mort ! — Pendant qu'il prononçait ces paroles, un soldat le traversa d'un coup de lance de part en part, entre les deux épaules, et André, qui avait tenu jusque là les yeux tournés vers le ciel, les fixa tendrement sur le Père, comme pour prendre congé, et le Père ému lui cria à travers ses larmes : Mon fils André, levez les yeux en haut ; voilà Notre-Seigneur Jésus-Christ, notre bon maître, qui vous présente la couronne. Le jeune martyr regarda de nouveau le ciel, et n'en détourna plus les yeux, répétant sans cesse le nom adorable de Jésus. Le soldat, retirant sa lance, lui en donna encore deux coups, comme s'il cherchait à atteindre le cœur. Trois fois percé, le jeune homme ne tomba point et resta ferme sur ses genoux, sans que son visage perdit rien de sa sérénité, ni même de sa couleur. Un autre soldat, impatienté ou touché de voir souffrir si longtemps cet innocent agneau qui ne proférait aucune plainte, lui déchargea un coup de son cimeterre sur l'épaule gauche ; et, comme cette quatrième blessure ne le fit pas plus tomber que les précédentes, il lui coupa la gorge si profondément que la tête tomba entre les épaules. Enfin le saint corps tomba à terre ; les soldats se retirèrent et firent place aux chrétiens.

Tel fut André. Il vécut seize ans de la vie séculière, trois ans parmi les catéchistes, et mérita la palme du martyre avant d'avoir atteint sa vingtième année. De tels exemples ne témoignent-ils pas suffisamment de quelle bienveillance le Seigneur entoure et protège l'œuvre des catéchistes ? Aussi les lettres édifiantes et curieuses parlent-elles continuellement de ces hommes apostoliques voués au ministère du salut des âmes, à la suite des Pères de la Compagnie de Jésus.

Ce qui réussit à nos missionnaires des âges précédents, n'est pas moins utile à ceux du siècle actuel.

Lorsque, en 1830, le souverain Pontife se proposa de rétablir nos anciennes missions de Syrie, quatre Jésuites abordèrent à Beyrouth ; le P. Planchet, français ; le P. Riccadona, italien ; le P. Ryllo, polonais ; et le Frère coadjuteur Hens, allemand.

Presque au sommet d'une *montagne rocheuse,* dominant à la fois le village de Maallaka, la gorge profonde où se cache la ville de Zahleh et la plaine immense de la Cœlésyrie, sur le versant oriental du Mont Liban, on voit suspendu au flanc d'un rocher abrupt, une chétive maisonnette qu'un habitant de nos villes d'Europe croirait à peine habitée par des créatures humaines.

Ce fut là que le P. Riccadona établit sa demeure et le centre de ses œuvres.

Depuis longtemps, il cherchait à résoudre le grand problème qui consiste à étendre aussi loin que possible l'action d'un seul missionnaire, celle d'une seule tête et d'un seul cœur, pour le bien des multitudes. Pour cela, il lui fallait une ville centrale dont les mœurs et les habitudes fournis-

sent un bon nombre d'âmes énergiques et dévouées, et puis
une agglomération de villages dans lesquels les missionnaires indigènes pussent faire l'apprentissage de leur travaux apostoliques, sous l'œil et par l'inspiration de leur
chef.

Zahleh et les villages de la Békaa et de Baalbeck lui
parurent le théâtre le plus propre à la réalisation de son
dessein.

Il ouvrit modestement une école pour les petits enfants.
Il mit tant de zèle à ses fonctions d'instituteur que, bientôt,
le nombre de ses élèves monta jusqu'à six cents.

Dieu souffla son esprit sur cette assemblée si intéressante,
et quelques jeunes gens, émus par l'exemple de la vie sainte
du missionnaire, résolurent de se mettre sous sa conduite et
de partager avec lui la charge de diriger une école devenue
beaucoup trop nombreuse pour un seul maître.

Cependant, une foule de villages restaient sans instituteurs, sans prêtre et sans instruction. Zahleh seul bénéfi-
ciait du zèle du Père. Alors, le missionnaire imagina de
faire en leur faveur un appel à tous les cœurs dévoués parmi
les indigènes, et de s'en faire comme autant d'instruments
pour travailler ensemble sur tous les points à la fois de la
vaste plaine ouverte devant lui.

Seul prêtre, il prétendait arriver de la sorte à prêcher en
un même jour, à la même heure, à cent villages dispersés.
L'idée était sublime. Bien développée, elle devait produire
des merveilles.

Alors, on vit se former la congrégation des petits missionnaires du Sacré-Cœur de Jésus.

Le Père choisit parmi les plus sages et les plus intelligents
de son école, un certain nombre d'enfants pieux. Il les
réunit plusieurs fois par semaine, et leur apprit à développer
pour le dimanche suivant, un sujet de la doctrine chrétienne.
Un canevas, tracé selon toutes les règles de l'art, était

l'objet de la leçon. Toutes les parties du discours étaient exactement distinguées. L'habile professeur les expliquait avec méthode et clarté ; il indiquait les lieux oratoires, la morale, l'histoire. Il n'omettait aucnn moyen d'instruire et de persuader ; en sorte qu'au jour marqué, chacun de ses disciples était à même de faire un sermon en règle. Il y avait cinquante garçons et cinquante petites filles ainsi préparés. Les cinquante instructions renfermaient dans leur ensemble les principales vérités de la doctrine chrétienne, mais chaque enfant n'en apprenait qu'une à la fois.

Le dimanche venu, un Père partait à la tête des cinquante garçons, et une pieuse veuve conduisait les cinquante petites filles. On laissait, dans le premier village, l'enfant qui savait la première leçon, dans le second village celui qui savait la seconde, et ainsi de suite. Le peuple se réunissait sur la place, pour écouter l'instruction dont il avait si grand besoin. Le soir, on reprenait successivement les enfants sur la route. Le dimanche suivant, on recommençait, en ayant soin d'assigner à chaque petit missionnaire un nouveau village, afin que la même instruction ne fut pas répétée deux fois. Ainsi, au bout de cinquante dimanches, l'ensemble de la doctrine chrétienne avait été enseigné à cinquante villages.

Ces premiers essais ayant réussi, on crut devoir donner une plus grande extension à la congrégation. On y appela bon nombre de jeunes gens et de jeunes personnes, auxquels on adjoignit encore, pour les jours de mission, des petits enfants des deux sexes. Les jeunes gens et les jeunes personnes avaient un supérieur distinct, chargés de les entretenir dans le zèle et de leur communiquer les avis du Père directeur. Les jeunes gens recevaient pour mission de faire le catéchisme aux hommes ; les jeunes filles s'adressaient aux femmes ; les enfants à ceux de leur âge. Aucun habit particulier ne les distinguait ; liberté à eux de se vêtir comme ils voulaient, pourvu que leur vêtement n'eut rien d'affecté ou d'immodeste. Ils n'avaient aussi d'autre demeure que la maison paternelle, où ils donnaient l'exemple de la piété et de la vertu. Le directeur seul avait le droit d'admission. Il fallait, pour obtenir de lui cette faveur, avoir donné des preuves non équivoques de ferveur et de zèle. La plupart des congréganistes, si on excepte les plus petits, étaient liés à Dieu par le vœu de chasteté. Ils renouvelaient leurs vœux de six mois en six mois. La règle, qui les gouvernait, leur recommandait, entre autres choses, de se lever de bonne heure, d'entendre la messe tous les jours, de faire une demi-heure de méditation, d'examiner leur conscience avant le sommeil, de réciter cinq dizaines de chapelet, de visiter le Saint Sacrement, de consacrer quelques instants à une pieuse lecture. Ils devaient aussi se confesser, et faire en sorte de communier chaque semaine. Tous étaient agrégés aux confréries du Sacré-Cœur, du Scapulaire, du Rosaire, et ils s'engageaient à répandre ces dévotions de toute leur force.

Trois fois par semaine, ils se réunissaient autour de leur directeur. Dans chaque réunion, on traitait trois articles : le premier se rapportait à un point de perfection ; le second regardait l'explication de quelque règle ; le troisième avait pour objet la matière à développer le dimanche suivant, dans les villages. A la fin de la séance, le directeur ordonnait quelque fois à l'un des jeunes missionnaires de se mettre à genoux. Les autres étaient invités à faire leurs observations sur ses manquements. Le patient écoutait en silence et recevait la pénitence imposée par le directeur.

Le samedi arrivé, le P. Riccadona faisait la révision des différents groupes de missionnaires. Tout village en demandait essentiellement deux : l'un pour les hommes, l'autre pour les femmes. Mais le groupe se composait toujours d'un grand nombre de membres, car plusieurs, sans avoir le titre de congréganistes, briguaient la faveur d'en remplir temporairement l'office. A la tête de chacun des groupes, un supérieur était désigné pour faire observer les règles. Il était responsable de ce qui pouvait arriver de fâcheux. Les autres se faisaient un devoir de lui obéir en tout.

Le dimanche arrivait enfin.

Deux heures avant le lever du soleil, la messe se disait dans notre église. Tous les missionnaires y assistaient et, généralement, y communiaient. La messe terminée, chacun, muni de ses provisions pour la route, se réunissait à son groupe. On se mettait en marche vers le village accoutumé. Je dis *accoutumé,* parce que, à cette époque, les missionnaires étaient, à poste fixe, dans les différents centres de la mission. Cette disposition leur donnait de l'influence sur le peuple, et leur faisait opérer un bien solide dans les âmes. Dès lors qu'ils étaient habitués à un auditoire, leur timidité disparaissait, ils parlaient avec élan, et par là même ils se faisaient écouter. Ils connaissaient beaucoup mieux leur monde, attaquaient plus directement les vices, et conduisaient plus efficacement à la réforme des mœurs.

Pendant la route, le groupe de garçons marchait le premier, celui des filles le suivait à quelque distance. L'intervalle ne devait pas être tellement grand, que les deux groupes cessâssent d'être à portée l'un de l'autre. De fâcheux accidents à prévenir motivaient cette mesure. Dans un pays peuplé de Turcs et de Kurdes, on ne saurait trop se prémunir contre le danger. Le péril est en proportion de la liberté dont on jouit. Tout est permis, même le meurtre. Au retour, on s'occupait de l'examen de sa conscience, et on récitait les prières en usage pour la visite au Saint-Sacrement.

A son entrée dans le village, chaque groupe se jetait à genou, et récitait à haute voix un *Pater* et un *Ave* en l'honneur de saint Ignace et de saint François-Xavier, pour le succès de la mission. Cela fait, les jeunes missionnaires parcouraient toutes les maisons, engageant les villageois à les suivre au catéchisme. D'ordinaire, la résistance n'était pas forte, quand il y en avait. On se réunissait à l'église, s'il y en avait une, ou dans une vaste chambre, ou sous les arbres. De temps à autre, on occupait tous ces endroits à la fois, à cause des quatre groupes, qui se partageaient l'auditoire.

A l'heure du catéchisme, on débutait par la prière, après laquelle les groupes se séparaient. Celui des garçons, comme celui des petites filles, se subdivisaient en plusieurs autres, selon le degré de science de chacun. On enseignait aux uns notre Père et je vous salue, Marie ; aux autres le *Credo* ; à ceux-ci les actes de contrition, de foi, d'espérance et de charité ; à ceux-là les six ou dix chapitres du catéchisme arabe. Si les catéchistes ne suffisaient pas pour tant de subdivisions, ils s'associaient quelques enfants du village et les honoraient du titre de maître. Ceux-ci, fiers d'une telle charge, s'en acquittaient avec zèle.

Nos catéchistes des deux sexes étaient généralement écoutés avec enthousiasme. Les curés eux-mêmes ne croyaient pas trop s'abaisser, en leur prêtant une oreille attentive. Plusieurs les regardaient comme supérieurs à eux pour le talent et la science. On allait jusqu'à dire de certains de nos prédicateurs qu'ils parlaient avec l'aplomb, l'autorité, le savoir d'un évêque. En Europe, on n'eut probablement pas été aussi enthousiasmé ; mais cette terre du Liban est un pays de simplicité et d'ignorance. Dès qu'un homme montre un peu de savoir, il passe pour un prodige.

Tel était le rôle pieux et bienfaisant de nos jeunes catéchistes.

Nos célèbres missions du Japon doivent une partie de leurs immenses succès à la création d'une école normale semblable à celle pour laquelle nous implorons la charité des cœurs généreux. Nos missionnaires y admettaient des enfants âgés de dix ans au moins, ou des jeunes gens, ou même des hommes murs, pourvu qu'ils vécussent célibataires, consentissent à quitter leur famille et leur maison, et fussent bien connus pour leur conduite édifiante et leur capacité intellectuelle. Leur père et leur mère, quand ils les avaient, les présentaient eux-mêmes à l'église, un jour de grande fête ; tous les fidèles étaient convoqués ; le supérieur chantait une grand'messe. Après l'évangile, un Père prononçait le discours sur la dignité du catéchiste et sur ses devoirs. Ensuite, les chants recommençaient. Le futur catéchiste, agenouillé sur les marches de l'autel, s'inclinait devant le prêtre officiant, qui lui coupait la touffe de cheveux que les Japonais portent au sommet de la tête. On en agissait ainsi pour marquer la complète séparation d'avec le monde. Le postulant quittait ses habits laïques, pour revêtir une longue robe assez semblable à celle des missionnaires. A partir de ce moment, il faisait communauté avec eux, ayant son temps d'oraison, ses exercices quotidiens, ses communions déterminées. Il expliquait le catéchisme aux néophytes, sous la direction de son maître des novices. On l'étudiait ; on apprenait à le connaître, jusqu'à ce qu'on jugeât à propos de l'admettre définitivement à l'exercice de l'apostolat.

Et, puisque nous quêtons pour l'Arménie, disons que les Jésuites, nos prédécesseurs dans les siècles derniers, nous ont appris l'usage que nous pouvions faire des jeunes Arméniens pour le bien de leur nation.

Les PP. Portier et Levert en tirèrent un parti merveilleux.

A Erzeroum, le P. Levert s'improvise maître d'école, et, parce que ses élèves sont de force inégale, il se fait tout à tous. A l'un, il enseigne le turc, à l'autre l'arménien, à celui-ci le français, à tous le catéchisme. Il en fait de petits apôtres. Par son inspiration, chaque enfant élève un oratoire dans sa maison, avec les images qu'il a reçues du Père. Il y convoque la famille entière, il y répète la leçon du catéchisme qu'il a apprise à l'école, il termine par une prière publique.

Après le Père Levert, le Père Portier se prodigue également aux enfants. Lui aussi en fait des apôtres. Il en choisit douze, qu'il prépose aux douze quartiers de la ville.

Leur fonction est de rassembler du monde, sous un prétexte ou sous un autre, dans une maison. L'auditoire formé, on commence la prière, et le Père vient terminer la réunion par une instruction sur l'une des principales vérités du salut.

Grâce à cette industrie et à d'autres, les missionnaires acquièrent un ascendant toujours plus considérable. Les schismatiques affluent vers eux. Les Pères les accueillent, le flambeau de la vérité à la main. La lumière éclate. L'erreur pâlit : les abjurations se multiplient.

Quand les Jésuites arrivèrent à Erzeroum, ils y trouvèrent trois catholiques. Quatre ans après, de l'aveu des schismatiques, il y en avait quatre cents.

Serons-nous assez heureux pour imiter de si nobles exemples ?

Pour cela, nous aurions besoin de réunir un modeste capital dont le revenu servirait à ces deux fins : l'entretien à l'école des jeunes aspirants à l'apostolat ; et celui des jeunes hommes déjà formés, qui enseigneraient dans les écoles.

Qu'on veuille bien nous l'accorder, et nous nous verrons en état de répondre aux demandes de tant de villages en faveur desquels nous ne pouvons encore rien.

A mesure qu'il sortira de l'école, le jeune apôtre ira planter sa tente parmi les schismatiques ; il instruira les enfants, éclairera les parents eux-mêmes, préparera la voie aux ministres de l'évangile. L'un d'entre nous ira le visiter souvent.

L'école sera comme un noyau. Quand ce noyau aura grossi, nous prierons les évêques d'envoyer en ce lieu un prêtre ; la paroisse se constituera ; le règne de Dieu sera établi.

C'est ainsi que, nouveaux illuminateurs, ces jeunes gens promèneront le flambeau de la vérité catholique jusqu'aux extrêmes limites de leur pays, et que nous verrons une génération grande et forte porter bien haut l'étendard de Jésus-Christ, le planter au sommet de l'Ararat, d'où il flottera sur le pays entier depuis la mer Noire jusqu'à la Méditerranée.

C'est ainsi que se justifie le projet de fondation de l'Institut des maîtres apostoliques de saint Grégoire, l'illuminateur.

Et, maintenant, nous tendons la main.

Au nom de Dieu, ayez pitié !

NOMS DES SOUSCRIPTEURS	SOUSCRIPTIONS

NOMS DES SOUSCRIPTEURS	SOUSCRIPTIONS